KB054896

상대성 이론이란 무엇인가?

QU'EST-CE QUE LA RELATIVITÈ?

by François Vannucci

민음 바칼로레아 009

상대성 이론이란 무엇인가?

프랑수아 바누치 | 곽영직 감수 | 김성희 옮김

민음in

차례

질문 : 상대성 이론이란 무엇일까?   7

1 **상대성이란 무엇일까?**   9
   갈릴레이의 상대성이란 무엇일까?   11
   물리 법칙은 언제나 똑같이 적용될까?   20
   빛의 속도가 왜 문제일까?   25

2 **아인슈타인의 상대성은 어떻게 다를까?**   31
   아인슈타인은 어떻게 문제를 해결했을까?   33
   시간이 어떻게 변하는가?   40
   상대성 이론을 방정식으로 풀면?   44
   $E=mc^2$이란 무슨 뜻일까?   49
   상대성 이론을 일반화할 수 있을까?   54

3 **상대성 이론의 한계는 무엇일까?**   63
   상대성 이론의 한계는 무엇일까?   65

   더 읽어 볼 책들   71
   논술 · 구술 기출 문제   72

질문 : 상대성 이론이란 무엇인가?

상대성 이론!

누구나 한 번쯤은 들어 본 말일 것이다. 그리고 그 말을 들었
을 때 다들 아인슈타인˚이라는 이름을 떠올린다. 실제로 인류
는 이 아인슈타인이라는 사람에게 큰 신세를 졌다고 할 수 있

• • •

알베르트 아인슈타인(Albert Einstein, 1879~1955) 독일 출생의 미국 이론 물리
학자. 광양자설, 특수 상대성 이론, 일반 상대성 이론, 통일장 이론 등을 연구하여,
갈릴레이·뉴턴의 이론이 지배하던 물리학을 혁신하였다. 광전 효과와 이론 물리
학 연구에서 쌓은 업적으로 1921년 노벨 물리학상을 수상했다. 사후에 미국에서 아
인슈타인 상을 제정하여 해마다 2명의 과학자에게 상을 수여하고 있다.

다. 아인슈타인 덕분에 우주를 이해하는 방식이 그야말로 혁신적으로 바뀌었기 때문이다. 20세기 과학자들은 그 이전의 과학자들과는 전혀 다른 시간관과 공간관을 갖고 있다. 공간이 휘어지고 시간이 절대적 가치를 잃게 된 것은 모두 스위스 베른 특허국의 일개 직원이었던 아인슈타인 한 사람의 머릿속에서 나온 생각 때문이었다. 물론 그러한 개념들은 매우 이론적이며, 상식과도 거리가 멀다. 하지만 기적이라도 일으키듯 더없이 실용적인 기술로 응용되면서 일상생활을 편리하게 만들어 주고 있다. 아인슈타인은 어떻게 그런 생각을 할 수 있었을까?

아인슈타인이 1905년에 처음 발표한 상대성 이론의 성과를 이해하려면, 우선 17세기로 거슬러 올라가야 한다. **상대성**이라는 개념이 처음으로 생겨난 것이 그 무렵이기 때문이다. 그리고 최초로 그런 생각을 한 사람은 바로 갈릴레이 였다.

●●●

갈릴레오 갈릴레이(Galileo Galilei, 1564~1642) 이탈리아의 천문학자, 수학자, 물리학자. 진자의 등시성, 관성의 법칙, 지동설의 확립 등 과학사에서 중요한 발견을 여러 번 했으며, 중대한 법칙의 시초를 마련한 학자이다. 그 생애 또한 많은 문학 작품의 소재가 될 정도로 독특했다.

1

상대성이란
무엇일까?

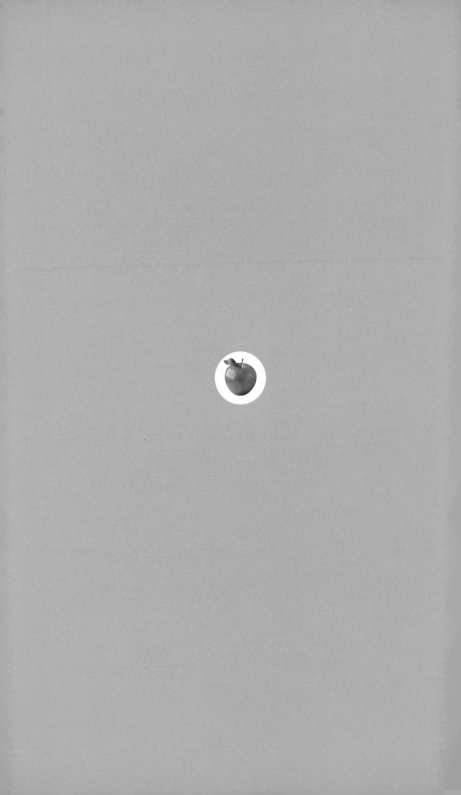

갈릴레이의 상대성이란 무엇일까?

지구는 우주의 중심이 아니다. 지구는 우주 속에서 끊임없이 운동하고 있다. 자기 스스로 돌고(자전), 그러면서 태양 주위도 도는 것(공전)을 보면, 좀이 쑤셔 한자리에 가만히 있지 못하는 것처럼 보이기까지 한다. 그런데 사실은 지구만 움직이고 있는 것이 아니라, 태양계 전체가 은하의 중심을 돌고 있으며, 우리 은하 역시 우주를 이루는 다른 수많은 은하들과 함께 운동하고 있다. 우주 속의 어느 것 하나 고정되어 있지 않으니, 그 움직임을 한꺼번에 보고 있자면 현기증이 나고도 남을 것이다.

어쨌든 지구는 여행광이며, 자신의 여정에 거기에 사는 인간들을 제멋대로 끌어들이고 있다. 그렇지만 실제로 우리는 그

것을 전혀 느끼지 못한다. 이렇게 우주 전체가 움직이고 있고, 우주 안에서 지구도 빠르게 움직이고 있지만 우리는 지구가 가만히 있는 것처럼 느낀다.

그런데 지구가 움직이지 않는다는 말은, 지구는 우주의 중심에 있고 우주가 지구 주위를 돈다는 말과 같은 뜻이다. 중세 물리학에서 생각한 우주가 바로 그렇게 생겼다. 갈릴레이는 이러한 가설을 반박할 수 있는 근거를 마련하고자 했다. 그러기 위해 그는 우선 움직이지 않는다는 말부터 명확히 했다.

'움직이지 않는다는 건 과연 무엇에 대해 움직이지 않는다는 것인가?'

이런 생각에 실마리를 제공한 것은 바로 갈릴레이의 습관이었다. 이탈리아의 항구 도시 피사에서 태어난 그는 항구를 들고 나는 배를 구경하는 습관이 있었는데, 이 습관이 그에게 영감을 준 것이다.

갈릴레이가 주목한 것은, 바다 위를 떠가고 있는 배 안의 어떤 물체가 정지한 상태에 있다 하더라도, 부두에서 관찰하는 사람이 보기에는 움직이고 있다는 사실이었다.

우리 경험에 비추어 봐도 그것은 확실한 것 같다. 배에 달려 있는 돛대는 그 배를 타고 있는 선원이 보기에는 제자리에 정지해 있지만, 육지에서 바라다볼 때에는 움직이고 있는 것이니

사과가 움직이는 걸까, 항구가 움직이는 걸까?

까 말이다. 따라서 움직이지 않는다는 것은 상대적인 개념이
며, 어떤 것이 정지해 있다고 하려면 무엇에 대해 정지해 있는
것인지를 분명히 해야만 한다. 극단적으로 말하면 어디를 기준
으로 보느냐에 따라 다르기 때문에 배가 움직여서 돛이 서서히
보이는 것이 아니라 항구가 움직여서 가만히 있는 돛이 보이게
된 것이라고 생각할 수도 있는 것이다.

마찬가지로 지구가 거기에 살고 있는 우리에게 움직이지 않
는 것처럼 보이는 것도 느낌에 지나지 않는다. 다른 행성에 가
서 바라보면 지구는 끊임없이 움직이고 있기 때문이다. 물론
이 사실은 19세기가 되어서야 실험을 통해 입증이 되었다.

그런데 움직이지 않는 상태가 상대적인 것이라면, 움직임 또한 상대적이라고 생각할 수 있지 않을까?

움직임의 문제를 이해하기 위해 아주 간단한 예를 들어 보자. 어느 날 내가 직선으로 뻗어 있는 넓은 가로수 길을 일정한 걸음으로 산책하고 있을 때, 시리우스* 별에 사는 외계인이 강력한 망원경을 통해 산책하는 내 모습을 몰래 살피고 있었다고 하자. 그 외계인에게는 지구뿐만 아니라 나도 직선이 아니라 구불구불하게 방향을 틀면서 기는 것처럼 보일 것이다. 이는 지구뿐만 아니라 시리우스 별 역시 끊임없이 움직이고 있어서 시리우스 별에 사는 외계인의 관찰 지점이 지구에 대해 고정되어 있지 않기 때문이다. 이처럼 단순한 움직임 역시 관찰자가 어떤 상황이냐에 따라 다르게 보일 수 있는 것이다.

갈릴레이도 같은 결론을 내렸지만 결론에 이르는 과정은 달랐다. 그는 배의 돛대 꼭대기에서 한 선원이 칼을 떨어뜨린 경우를 생각해 보았다. 물론 그 순간에도 배는 계속해서 같은 속

* * *

시리우스 큰개자리의 알파성. 한국과 중국에서는 천랑성이라고 불린다. 하늘에서 가장 밝게 보이는 별로, 그렇게 밝게 보이는 것은 지구에서 8.7광년이라는 가까운 거리에 있기 때문이다.

도로 육지에서부터 멀어지고 있는 중이다. 그때 칼은 어디에 떨어지게 될까? 배에 탄 선원들은 칼이 수직으로 곧장 갑판 위로 떨어진다고 대답할 것이다. 하지만 부두를 산책하다가 마침 망원경으로 그 모습을 본 사람이 있다면, 그 사람은 칼이 포물선을 그리며 떨어졌다고 할 것이다. 칼이 손에서 떨어지는 순간의 수평 속도가 0이 아니라, 움직이는 배의 속도와 같은 상태니까 말이다.

누구 대답이 맞을까?

어느 쪽이 더 맞다고 할 것도 없이 양쪽 모두가 옳다. 칼의 움직임은 하나였지만, 움직이는 배에서 보느냐, 아니면 정지해 있는 땅에서 보느냐에 따라서 다르게 기술할 수 있기 때문이다. 물론 결과는 똑같다. 칼은 돛대 발치의 갑판 위로 떨어지는 것이다. 그러므로 두 가지 서술의 가치도 똑같다. 단지 배에 있는 사람의 관점에서 측정하면 계산이 좀 더 간단하다는 장점이 있을 뿐이다.

배와 항구의 예는 어떤 움직임을, 서로 다른 두 가지 틀을 기준으로 기술할 수 있음을 보여 준다. 이때 기준이 되는 틀을 **기준계**라고 부른다.

기준계라는 개념은 관찰자가 그 현상에 대해 정지해 있느냐 움직이느냐에 따라서 한 가지 현상이 서로 다르게 보일 수 있음을 잘 보여 준다. 요컨대 기준계가 바뀌면 보이는 것도 다른 것이다.

갈릴레이는 어떤 물체가 정지해 있는 상태, 즉 육지처럼 배를 기준으로 움직이지 않는 상태와 등속 직선 운동을 하는 상태, 즉 배처럼 육지를 기준으로 일정한 속도로 움직이는 상태는 똑같이 자연스러운 것이라는 가설을 세웠다.

이는 아리스토텔레스의 생각과는 정반대 되는 것이었다. 아리스토텔레스는 물체의 자연스러운 상태란 정시해 있는 것이라고 생각했다. 땅 위를 구르는 공처럼 어떤 물체도 결국 멈추게 되는 것이 그 증거라는 것이다.

갈릴레이는 그러한 아리스토텔레스의 생각을 수정한다. 갈릴레이에 따르면, 어떤 물체가 멈추는 것은 물체 자체가 선택한 것이 아니다. 물체의 외형적인 속성상 전진을 방해하는 마찰력이 생기게 마련이고, 그 마찰로 인해 물체가 계속 나아가는 것이 저지되었을 뿐이다. 마찰이 없는 이상적인 공간이라면 물체는 일정한 속도를 유지하면서 무한히 전진할 것이다. 반들반들한 탁자에 올려둔 구슬처럼 말이다. 물체가 아무 힘도 받지 않는 상태, 그래서 계속 정지해 있거나 계속 등속 직선 운동을 하는 상태를 **갈릴레이 기준계** 또는 **관성계**라고 부른다. 뒤에서 살펴볼 상대성 이론은 바로 그러한 두 관성계 사이의 이동

점 P는 R_1에 있어서는 좌표 x_1, y_1, z_1으로 표시되고, R_2에게는 x_2, y_2, z_2로 표시된다.
여기서 R_2는 R_1을 기준으로 해서 속도 v로 움직이고 있는 상태이다.

공식을 밝힌 것이다.

하나의 기준계는 x, y, z로 표시되는 세 개의 공간 좌표를 통해 정의된다. 한 기준계 내에서 물체의 움직임은 시간에 따른 세 좌표의 변화로 표현되며, 우리는 이를 세 가지 수직 방향에 따라 생각해 볼 수 있다. 17쪽의 그림은 그와 같은 기준계의 변화를 나타낸 것이다. 여기서 R_1은 정지해 있는 것으로 가정한 관찰자의 기준계이고, R_2는 R_1을 기준으로 해서 $0x$축을 따라 속도 v로 움직이는 관찰자의 기준계이다. 이때, 공간의 한 점 P는 R_1에 있어서는 x_1, y_1, z_1으로 표시되고, R_2에 있어서는 x_2, y_2, z_2로 표시된다.

따라서 지구에서 무언가를 측정할 때는 하나의 기준계에서 측정해야 하며, 일반적으로 지구에 고정되어 있는 기준계가 선택된다. 반면 태양계를 연구하는 행성학자들은 태양에 고정되어 있는 기준계를 선택하고, 천체 물리학자들은 은하에 고정되어 있는 기준계를 선택한다. 지구 위의 기준계는 관성계로 취급할 수 있는데, 그것은 지구의 운동이 일반적인 문제를 다룰 때에는 관성 운동으로 취급해도 될 정도로 일정하기 때문이다. 이 말은 별을 고정된 기준계에서 볼 때 지구의 운동은 등속 직선 운동으로 취급할 수 있다는 것을 뜻한다.

상대성 이론은 관측자의 이동이 물리량에 미치는 영향을 분석한다. 예를 들어, 어떤 물체의 길이와 질량이 그것을 측정하는 기준계에 따라 다른 값이 된다는 것이다. 상대성에 따른 결과들 중에는 우리가 일상에서 쉽게 경험하는 것이어서 그저 평범하게 보이는 것도 있다. 이런 것들을 **갈릴레이의 상대성**이라고 한다. 반면 나중에 살펴볼 내용이지만 입자의 평균 수명이 연장되는 것과 같은, 일상에서는 전혀 느낄 수 없는 상대성도 있다. 어떤 현상과 관련된 속도가 매우 빠를 경우 나타나는 이런 현상을 두고 **아인슈타인의 상대성**이라고 한다.

'모든 것은 상대적이다.'

세상에서 일어나는 일들 앞에서 깨우침을 얻은 철학자는 이렇게 말하곤 한다. 하지만 이 말 때문에 혼란에 빠져서는 안 된다.

상대성 이론은 한 가지 현상을 두 개의 다른 기준계에서 측정할 때 어떻게 되는가를 검토하는 것이지, 철학자가 말하는 상대성과 같은 뜻이 아니다. 굳이 비교하자면, 상대주의 철학은 인간의 지식은 절대적일 수가 없고 주관적인 것일 뿐이라는 주장이며, 따라서 이 경우에는 기준계 자체가 아예 없다. 물리학에서 지식이 상대적이라고 하는 것은, 어떤 조건에서 측정하느냐에 따라 측정 결과가 달라질 수 있다는 뜻이다. 그러나 기준계에 따라 물리량이 다르게 관측되는 것과는 달리 어떤 현상을 기술하는 데 적용되는 상대성의 공식은 달라지지 않는다. 그러므로 '상대적'이라는 말이 순간의 변덕으로 결과가 변할 수 있다는 뜻이라고 본다면, 상대성 이론은 전혀 상대적이지 않다. 상대성 이론이 말하는 예측은 대단히 정확한 것이며, 완벽하게 검증할 수 있다.

물리 법칙은 언제나 똑같이 적용될까?

앞에서 예로 들었던 17세기의 범선은 그렇게 빠른 교통 수단이 아니다. 상대성에 관한 설명을 좀 더 진행하기 위해서는, 좀 더 현대적인 이동 수단을 예로 들어서 기준계의 변화를 고려할 필요가 있다. 이번에는 시속 300킬로미터라는 속도로 달리는 고속 전철을 예로 들어 이야기해 보자.

시속 300킬로미터로 움직이는 객차 안에서 내가 시속 5킬로미터의 속도로, 기차 진행 방향으로 성큼성큼 이동한다고 하자. 이때 5킬로미터라는 속도를 기차에 대한 나의 상대 속도라고 한다. 하지만 승강장에 가만히 서 있다가 지나가는 기차의 창 너머로 우연히 나를 본 역장의 입장에서 보면 내 속도는 완전히 달라진다. 그는 내가 시속 305킬로미터의 속도로 이동하는 것처럼 보이는 것이다. 이러한 현상을 **갈릴레이 속도 합성**이라고 부른다. 이때 기차와 승강장을 앞의 그림에서처럼 각각 하나의 기준계에 연결해 볼 수 있다. 기준계 R_1(승강장)에 대해 속도 v로 움직이는 기준계 R_2(기차)가 있고, 이 R_2 안에 있는 어떤 물체의 속도를 V_2라고 하면, R_1에 대한 그 물체의 속도 V_1은 일반적으로 $V_1=V_2+v$라는 공식에 따라 계산할 수 있다. 물론 여기서는 1차원만 고려한 것이다.

갈릴레이 속도 합성은 일상에서 경험으로도 쉽게 확인할 수 있다. 나란한 선로 위를 서로 반대 방향으로 달리는 두 기차가 있다고 하자. 기차가 각각 시속 100킬로미터로 달리고 있다면, 한쪽 기차에 탄 승객에게 다른 쪽 기차는 시속 200킬로미터 가까운 속도로 달리는 것처럼 보인다. 이는 상식적으로 생각해도 당연한 얘기다.

한편, 내가 고속 전철 안에서 한결같은 걸음으로 걷고 있다면, 내게는 아무 가속도도 붙지 않는다. 가속도란 시간에 따른 속도의 변화를 측정하는 것이므로, 속도가 일정하다는 것은 가속도가 0이라는 것을 뜻하기 때문이다. 이는 승강장에 있는 역장의 기준에서 볼 때에도 마찬가지다. 역장에게 내 속도는 변함없이 시속 305킬로미터로 보이기 때문에 역시 가속도는 0이 된다. 내가 움직여서 각각의 기준계에서 내 위치가 바뀔 때, 속도는 기준계에 따라 서로 다르게 나타나지만, 속도가 일정하므로 가속도가 0이라는 것은 모든 기준계에서 똑같다는 얘기다.

내가 걷기 시작한 순간에 대해서 살펴보자. 그때 기차 안에서 내 속도는 정지 상태인 시속 0킬로미터에서 시속 5킬로미터로 옮겨간다. 같은 움직임을 역장이 보면 시속 300킬로미터에서 시속 305킬로미터로 바뀌는 것처럼 보인다. 따라서 속도가 변화한 수치는 동일하다는 것을 알 수 있다. 이것이 바로 **상대성 원리**의 기초다. 물리 법칙은 모든 관성계에서 동일하다는 것이다.

이 실험 결과는 중요하고도 실제적인 의미를 지닌다. 가령, 지구에서 행한 어떤 실험, 예를 들어 총알을 쏘는 것과 같은 실험을 통해서 운동 법칙을 추론했을 경우, 상대성 원리에 따라 그 법칙이 다른 모든 장소에서도 유효한 것으로 볼 수 있기 때문이다. 이는 다행스러운 일이 아닐 수 없다. 그렇지 않을 경우 물리 법칙은 우리 주위 환경에 대해서만 제한해서 적용되었을 것이고, 직접 갈 수 없는 곳에 대해서는 적용할 수 없었을 테니까 말이다. 다시 말해 이 법칙이 없다면 다른 은하에 대해 알고 싶을 때는 거기에 가 봐야 한다는 것이다.

등속 직선 운동을 하는, 진동이 거의 없는 기차 안에 있을 경우, 그 안에서 행하는 이런저런 일들은 보통 때와 별로 다르지 않게 이루어진다는 것을 우리는 경험을 통해 알고 있다. 기차가 달리는 동안 우리는 걸을 수도 있고, 커피를 마실 수도 있으며, 컴퓨터 키보드를 두드릴 수도 있다. 창의 커튼이 내려진 상태에서 기차의 흔들림까지 없다면, 기차가 움직이고 있다는 사실을 알 수 있게 해 주는 것은 아무것도 없다. 이는 어떤 기준계가 더 특별하다고 가려내기란 불가능하다는 것, 한 가지 현상을 설명할 때 모든 기준계가 등가라는 것, 어떤 기준계가 정지해 있고 어떤 기준계가 움직이고 있다고 절대적으로 말할 수 없다는 것을 우리에게 알려준다.

물체가 정지 상태로 나타나는 기준계는 항상 존재하는데, 이때 기준계는 물체와 함께 이동한다. 앞의 예에서 기차를 타고 있는 승객 자체에 묶여 있는 기준계가 있다면 그 기준계에서는 승객이 정지해 있는 것으로 나타날 것이다. 물체는 자신의 기준계에서는 정지 상태가 된다. 물론 이런 경우에도 그것이 절대 정지 상태를 뜻하지는 않는다. 물체가 등속 직선 운동으로 이동 중일 수도 있기 때문이다. 그러한 원리에 기초해서, 승강장에 있는 역장은 내가 시속 300킬로미터라는 속도로 지나가는 것을 보면 기차 안에서 움직이지 않고 있다는 것을 추론할 수 있는 것이다.

만약에 역장이 내가 시속 305킬로미터로 지나가는 것을 봤다면, 이번에는 간단한 속도 합성 개념을 이용해서 내가 기차를 기준으로 시속 5킬로미터의 속도로 걷고 있다는 것을 추론해 낼 것이다. 동일한 법칙은 이처럼 어디에서나 똑같이 적용되며, 단지 그 법칙을 기술하는 방식만이 바뀔 뿐이다.

앞에서 우리는 x, y, z 좌표에 대해 얘기했다. 또 직접 말하지는 않았지만, 속도 얘기를 하면서 시간 t에 대해서도 언급을 했다. 어떤 움직임을 완전하게 기술하려면 움직이고 있는 좌표들을 확정해야 하는데, 그렇게 해서 x, y, z와 t가 결합된, '4차원 시공 좌표'가 등장한다. 4차원적 공간의 개념은 뒤에서 다시 다루겠지만, 시간에 대한 이야기를 하기 위해 여기서 먼저 언급한 것이다.

갈릴레이적인 사고에 따르면 시간의 움직임은 기준계를 바꾸어도 변하지 않는다. 시간은 모든 기준계에서 동일하게 흐르며, 거의 절대적인 것으로 생각할 수 있다. 고속 전철에 내가 찬 손목시계와 플랫폼에 있는 역장이 찬 손목시계가 같은 속도로 돌아가듯이, 시간은 언제나 똑같다고 생각한 것이다. 이 경우 어떤 사건의 **지속 시간**, 즉 그 일이 일어난 순간 t와 끝난 순간 t' 사이의 간격은 $\triangle T = t' - t$로 표시되는데, 이 값은 기준계와 상관없이 일정하게 나타난다. 시간은 그 출발을 어디로 하느냐에 따라서만 달라지며, 0시에서부터 시작하는 것이 관례다. 시간의 출발점이 바뀌는 것을 군이 찾아보자면 서머 타임 제도가 있는데, 이 경우에도 사건들의 시간적인 특성 자체에는 전혀 혼란을 주지 않는다.

시간과 관련된 이상의 내용들은 모두 갈릴레이의 상대성이 적용되는 범위에 속한다. 시속 300킬로미터로 달리는 고속 전철도 이를 흔들 수 있는 별다른 환경이 되지는 못한다. 시간의 가치가 바뀌는 것은 아인슈타인의 상대성 이론이 등장하고부터다. 그런데 그 아인슈타인은 도대체 언제나 나오느냐고?

빛의 속도가 왜 문제일까?

19세기 말에 물리학자들은 스스로 만족한 기분에 빠져 있었다. 뉴턴 이후 3세기 동안 끊임없이 진보해 온 끝에, 이론을 통해 세계를 멋지게 설명할 수 있게 되었기 때문이다. 조금만 더 노력하면 자연의 모든 비밀도 머지않아 밝혀질 것이고, 그렇게 되면 우주를 전체적으로 설명해 줄 최후의 방정식을 만들지 못하란 법도 없었다.

그러나 그들에겐 성가신 수수께끼가 하나 남아 있었다. 상

• • •

서머 타임(summer time) 여름철에 긴 낮 시간을 유효하게 쓰기 위해서 그 지역의 표준시보다 1시간 시계를 앞당겨 놓는 것을 말한다. 유럽 여러 나라의 서머타임은 매년 3월 마지막 주 일요일에 시작되어 10월 마지막 주 일요일에 끝난다.

대적인 운동이라는 문제에 직접 관계가 있으면서도 이론이라는 틀에 좀처럼 포섭되지 않는 빛의 속도라는 문제 말이다. 빛의 속도가 왜 문제라는 말일까?

빛의 속도는 초속 29만 9792.458킬로미터로서 오늘날에는 매우 정확하게 측정되고 있다. 이는 측정 결과로만 머무르는 것이 아니라, 파리 세브르 박물관에 있는 1미터 길이의 표준 금속을 대신해서 표준 미터°를 보여 주는 근거로 활용되기도 한다. 빛의 속도가 물리학에서 가지는 가치는 이름을 따로 붙여도 될 만큼 중요하다. 그래서 빛의 속도를 c라고 부른다. 이때 빛의 속도 c는 무엇을 기준으로 한 것일까? 앞에서 우리는 물체의 속도가 어떤 기준계에서 측정하느냐에 따라 다르다는 것을 알았다. 그렇다면 빛은 어떤 기준계에서 이 유명한 속도로 이동하는 것일까?

19세기 사람들은 빛이 음파처럼 어떤 매질° 안으로 퍼져 가

● ● ●

표준 미터 금속은 온도가 바뀌면 늘어나거나 줄어드는 반면, 빛의 빠르기는 거의 변하지 않기 때문이다. 빛의 속도를 근거로 할 때 1미터는 빛이 진공에서 2억 9979만 2458분의 1초 동안 진행한 거리이다.
매질 어떤 파동 또는 물리적 작용을 한 곳에서 다른 곳으로 옮겨 주는 물질. 대표적인 매질로는 음파를 전달하는 공기가 있다.

는 것이라고 생각했다. 예를 들어 음파는 공기 분자 같은 물질이 있어야 전달될 수 있다. 진공 상태에서는 음악을 들을 수 없는 것이다. 이에 비추어 사람들은 빛의 성질도 그럴 것이라고 보았다. 이 생각이 맞다면 빛의 매질은 투명하면서도 모든 공간에 가득 차 있어야 한다. 빛은 우주 끝에서부터도 오고 물질이 거의 없는 공간에서도 전해지니까 말이다. 그래서 사람들은 이 특별한 매질에 **에테르**라는 이름을 붙였다. 고대 그리스 사람들이 우주, 즉 달 너머에 존재하는 공간을 채우고 있는 물질에 붙였던 이름을 되살린 것이다. 고대 그리스인들은 세계가 물, 불, 흙, 공기라는 네 가지 요소로 이루어져 있다고 믿었는데, 그 네 가지와는 달리 에테르는 변하지 않는 매질로 여겨졌다.

에테르는 공간 전체를 채우고 있는 것인 만큼 절대적으로 정지해 있는 기준계여야 한다. 따라서 빛의 속도는 에테르를 통해서 퍼져 갈 때를 기준으로 해서 정해진 것이라고 전제할 수밖에 없다. 이런 생각에 따라 태양계에도 에테르가 가득 차 있다는 가설이 당시에는 그럴듯해 보이기도 했다.

그렇다면 우주 안에서 움직이는 지구는 사실 에테르 속에서 움직이는 것이 된다. 빛의 속도가 에테르에 대해 일정하다고 했으니, 지구에서 측정했을 때 빛의 속도는 어떤 영향을 받아야 한다. 지구가 에테르에 감싸여서 돌고 있다면 지구가 도는 것과 반대 방향으로 에테르의 흐름이 생길 테니까 말이다. 예컨대, 작은 배를 타고 노를 저어 강을 건너는 사람을 생각해 보면 되겠다. 배가 물살을 타고 내려가는지 아니면 거슬러 올라가는지, 또는 물살과 수직 방향으로 움직이는지에 따라 배의 속도가 달라지는 것처럼, 빛의 속도도 그렇게 달라질 수밖에 없다는 뜻이다. 특히 지구는 남북의 극을 잇는 축을 중심으로 자전하고 있는 만큼, 빛의 속도는 남북 방향과 동서 방향에서 서로 다르게 나타나야 한다.

1887년 미국의 마이컬슨*과 몰리*가 이를 증명하기 위해 유명한 실험을 했다. 이 실험은 광선의 방향에 따른 빛의 속도 변화를 측정함으로써, 신비의 물질 에테르에 대한 지구의 운동 속도를 밝혀 내는 것을 목표로 했다. 즉 지구가 에테르 속에서 운동한다고 가정한 후 에테르에 대해 빛의 속도가 일정하다면,

● ● ●

마이컬슨(Albert Abraham Michelson, 1852~1931) 폴란드 출생 미국의 물리학자. 정밀도가 높은 마이컬슨 간섭계를 발명했다. 1907년 미국인으로서는 최초로 노벨 물리학상을 수상했다.
몰리(Edward Williams Morley, 1838~1923) 미국의 화학자, 물리학자. 물리학 방면에서는 마이컬슨과 함께한 실험이, 화학 방면에서는 물을 구성하는 수소산소의 중량비 측정값 확정이 주요한 업적이다.

지구의 운동과 같은 방향으로 잰 빛의 속도와 지구의 운동과 수직인 방향으로 잰 속도를 비교함으로써 지구가 움직이는 속도를 알 수 있으리라는 발상이었다.

마이컬슨과 몰리는 이 실험을 위해 '간섭계'라고 불리는 매우 감도 높은 광학 장치를 이용했다. 간섭계에는 동서를 향하는 팔과 남북을 향하는 팔 두 개가 서로 수직을 이루며 달려 있었는데, 각각의 팔에 빛이 직선으로 들어올 때, 두 방향으로 들어오는 빛의 미세한 속도 차이를 확인할 수 있게 만들어졌다. 팔의 길이가 11미터였던 이 간섭계는 오늘날 사용되는 기기와는 정확도 면에서 비교할 수 없지만 지구의 공전 속도(당시에는 빛의 속도가 오늘날에 측정되는 속도의 1만분의 1에 해당되는 초속 30킬로미터라고 알려져 있었다.)에 따른 영향을 감지할 수 있을 만큼의 정확성은 충분히 갖추고 있었다.

그런데 실험 결과 두 방향에서 잰 빛의 속도는 전혀 차이가 나지 않았다. 방향을 바꿔 가며 측정을 반복했고, 낮과 밤 시간을 바꿔 가며, 그리고 계절을 바꿔 가며 실험을 해 봤지만 여전히 기대하던 결과는 나오지 않았다. 빛의 속도는 냉정하리만치 고정된 한 가지 값으로만 계속 나타났고, 속도 합성 법칙도 따르지 않았다. 어떻게 설명해야 할지 모를 결과였다.

에테르가 지구에 대해 고정되어 있다고 가정하면 이 결과를 설명할 수 있을 테지만, 그 가설은 지구가 우주에서 외따로 떨어진 특별한 위치에 있다는 뜻이었고, 이미 2세기 전에 폐기된 생각이었다. 따라서 그 실험 결과는 에테르라는 매질에 대해서도, 빛의 속도에 대해서도 다시 생각하게 만드는, 역사의 전환점이 될지도 모를 대단한 수수께끼를 낳았다.

2

아인슈타인의
상대성은 어떻게 다를까?

아인슈타인은 어떻게 문제를 해결했을까?

상대성에 관한 첫 논문을 발표했을 때 아인슈타인의 나이는 스물여섯 살이었다. 그는 마이컬슨과 몰리의 실험 결과에 영향을 받았던 것은 아니라고 얘기한다. 상상 속에서 실험을 해 보는 '사고 실험'*을 좋아했던 아인슈타인은, 실제로 순전히 자신의 생각만으로 빛의 속도에 대한 새로운 이론을 만들어 냈다.

아인슈타인은 우선 어떤 물체가, 예를 들어 거울이 빛과 같

● ● ●

사고 실험 머릿속에서 생각만으로 하는 실험으로 상상 실험이라고도 한다. 파스칼은 철학자로 널리 알려져 있지만 진공이나 대기 등을 연구한 물리학자로도 유명하다. 그런데 그의 실험은 대부분 사고 실험이었으며, 실제로 실험했던 것은 겨우 두 개뿐이었다. 실제 실험 못지않게 사고 실험도 과학에서 중요한 역할을 한다.

은 속도로 이동할 수 있다면 어떠한 일이 일어날까를 생각해 보았다. 거울에 대해 빛은 정지 상태에 있게 될 테고, 빛이 거울에 반사되는 일도 일어나지 않을 것이다. 이 말은 곧 광학[*](光學)에서 만든 법칙들이 이러한 조건에서는 무효가 된다는 뜻이다. 당시에 이러한 생각은 받아들이기 힘든 것이었다. 하지만 이전의 물리학적 틀에서는 그와 같은 상황에 놓인 빛을 분석할 수 없다는 것만은 분명했다. 그렇다면 근본적으로 새로운 해결책이 필요한 것이 아닐까?

아인슈타인은 놀랍고도 대담한 방식으로 이 딜레마를 해결했다. 그는 두 가지 가설을 세웠다. 첫 번째 가설은 모든 관성계 내에서 물리 법칙이 동일하다는 갈릴레이의 상대성 원리를 일반화하는 것이었다. 역학, 즉 운동의 법칙에 한정되어 있었던 상대성 원리를 전기, 자기, 빛 등과 같은 모든 현상으로 확장한 것이다.

첫 번째 가설에 따라 필연적으로 두 번째 가설이 나왔다. 두 번째 가설은, 빛은 광원의 운동이나 관찰자의 운동과는 무관하게 항상 변함 없이 속도 c로 공간에 전파된다는 것이었다. 그러

● ● ●

광학 물리학의 한 분과로 빛의 성질과 현상을 연구하는 학문을 말한다.

한 의미에서 볼 때 빛의 속도를 측정할 특정한 기준계는 존재하지 않는다. 빛의 속도는 관측하는 기준계에 따라 달라지지 않으며 빛은 어떤 기준계에서도 정지해 있을 수 없다.

두 번째 가설은 선뜻 받아들이기가 쉽지 않다. 직관적으로도 전혀 그럴 것 같지가 않고, 상식적인 갈릴레이의 물리 법칙과도 맞지 않기 때문이다. 그런 이유로 시간이 흐르면서 아인슈타인의 이론은 철학자들의 공격 대상이 되었다. 어떤 사람이 광원으로 다가가면서 측정하든 광원으로부터 멀어지면서 측정하든 빛이 항상 같은 속도를 보인다는 것은 일반적인 통념과는 상반되는 개념이기 때문이다. 갈릴레이의 상대성에서 볼 때, 로켓을 타고 전속력으로 태양을 향해 날아가면서 태양으로부터 오고 있는 빛의 속도를 측정하면 빛의 속도는 더 빠른 속도로 측정되어야 한다. 하지만 아인슈타인의 상대성은 전혀 그렇지 않다고 얘기한다. 갈릴레이 속도 합성 공식을 이용해서 수학적으로 말하자면, 그 공식은 $c+v=c$로 표현된다. 즉 빛의 속도 c에 관찰자의 속도 v를 더해도 여전히 c라는 것이다.

극단적인 예를 들자면, 서로 반대 방향으로 쏜 두 레이저 광선의 상대 속도는 $c+c=c$가 된다는 것이다. 빛의 경우에는 두 기차가 서로 지나칠 때 한쪽 기차에 탄 승객이 느끼는 다른 쪽 기차의 속도는 두 기차의 속도를 더한 것이 된다는 앞의 예와 비교해서 속도 계산을 할 수 없다는 말이다. 설마 그럴까 싶은데도, 자연은 이 터무니없게 보이는 성질을 따르고 있다. 속도 합성 법칙이 통하지 않는다면 이 법칙은 도대체 어떻게 수정해야 할까?

빛의 속도 c가 변하지 않는다는 생각은 절대적인 기준계 또는 더 특별한 기준계가 있다는 개념을 결정적으로 깨 버렸다. 빛의 속도가 정확하게 c가 되는 기준계는 하나만 존재하는 것이 아니며, 따라서 에테르도 존재하지 않는다. 그리고 모든 관찰자가 빛이 c의 속도로 이동하는 것을 보기 때문에, 모든 관점은 똑같이 옳다고 볼 수 있다. 이는 갈릴레이 기준계(관성계)에 대해 공부하면서 우리가 이미 보았던 결론이다. 하지만 그때는 이러한 원리가 공간에만 관계되어 있었고, 시간은 여전히 절대적인 것으로 남아 있었다. 아인슈타인이 세운 가설대로라면 빛의 속도에 대해서는 특별한 공간이 없을 뿐만 아니라 특별한 시간도 없다.

이러한 생각은 추상적으로 보일지도 모른다. 하지만 말이 안 될 것 같은 상황들이 빛의 속도 c가 불변이라는 사실로 인해 실제로 일어날 수가 있다. 이해하기 쉽도록, 빛의 속도에 가까운 빠르기로 이동하는 여행 이야기를 해 보자.

피에르와 폴이라는 쌍둥이 형제가 있다. 늘 함께 지내던 두

빛의 속도로 여행을 하면 늙지 않는다.

사람은 만 20세가 되는 생일에 폴이 우주 여행을 떠나면서 헤어지게 된다. 폴은 지구에서 25.3광년 떨어져 있는 별 베가로 가는 로켓을 탔다. 1광년은 빛이 1년 동안 가는 거리를 말하는데, 대략 10조 킬로미터에 해당한다. 여기서 로켓은 기술이 매우 발전한 덕분에 광속의 99퍼센트에 가깝게 이동할 수 있다고 가정하자.

그 로켓을 타고 베가에 무사하게 도착했을 때 폴의 나이는 23세 6개월로 여전히 청년이었나. 폴은 피에르의 안부가 궁금했다. 그런데 지구에 남아 있던 피에르는 이미 마흔다섯 번째 생일을 치른 후였다. 그렇다면 이 이야기의 교훈은, 젊음을 유지하고 싶으면 빛의 속도로 여행을 하라는 것일까?

도대체 두 사람에게 무슨 일이 일어난 것일까? 두 사람에게 일어난 일은 다소 황당해 보이지만 사실은 일반적인 현상이다. 시간은 서로 다른 기준계에서는 서로 다르게 흘러간다는 법칙을 따르는 것뿐이다. 시간은 정지해 있는 관찰자보다 움직이고 있는 관찰자가 측정할 때 더 느리게 가는 것으로 측정된다. 이 현상을 상대성 이론에서는 **시간의 지연**이라고 부른다. 그리고 사건이 정지해 있는 것으로 고려되는 기준계(폴에게는 로켓)에 묶여 있는 시간을 **고유 시간**이라고 한다. 동일한 한 가지 현상(로켓이 출발해서 도착하기까지의 시간)에 대해 측정할 수 있는 모든 시간들 중에서 고유 시간이 가장 느리게 흘러간다. 운동하는 물체의 시계는 항상 더 더디게 가는 시간을 나타낸다. 따라서 시간도 하나만 존재하는 것이 아니라 여럿이 존재하며, 동일한 기준계에서 측정된 국소 시간의 차원에서만 하나의 시간을 논할 수 있다.

상대적으로 운동하는 관측자가 측정한 시간이 지연되는 반면 길이는 수축한다. 로켓을 타고 여행을 한 폴에게는 지구와 베가 사이의 거리가 더 짧게 나타난다.

지구에서 볼 때 빠르게 달리는 로켓에 타고 있는 폴은 오랫동안 젊음을 유지하고 있는 것처럼 관측된다. 하지만 폴이 지구에 있는 피에르를 관찰하면 피에르가 오히려 자신보다 젊어 보인다. 그렇다면 누가 실제로 더 많이 나이를 먹었을까? 서로 상대방이 자신보다 나이를 덜 먹었다고 관측하는 것은 자신의 기준계에서 볼 때 사실이다. 만약 실제 나이를 비교하기 위해 로켓이 지구로 돌아오려고 한다면 로켓은 지구로 돌아오기 위해서는 커다란 가속 과정을 거쳐야 한다. 따라서 더 이상 관성계 사이의 관계를 설명해 주는 특수 상대성 이론이 성립되지 않는다. 가속계를 다루는 일반 상대성 이론에 의하면 가속계에 있던 폴이 나이를 덜 먹는다.

시간이 어떻게 변하는가?

시간의 지연은 상식만으로 생각해서는 이해하기가 어려운 개념이다. 우리가 경험할 수 있는 차원에서는 시간이 팽창하는 효과를 전혀 지각할 수 없기 때문이다. 실제로 시간 팽창을 검증하고자, 음속 비행기에 정확한 원자 시계를 실어서 실험한 적이 있는데, 결과는 상대성 이론에서 예측한 대로 나왔다. 지구를 한 바퀴 돈 다음에 약 10^{-7}초의 시간 변화가 나타났던 것이다. 물론 정말 현저하게 차이를 보이는 결과를 얻으려면, 물체의 속도가 빛의 속도와 거의 비슷한 상황이 갖춰져야만 한다. 따라서 일상에서는 그런 결과를 보기가 힘들다.

상대성 이론이 필수적으로 적용되는 영역은 두 가지가 있다. 하나는 입자 물리학이고, 다른 하나는 천체 물리학이다. 다시 말해서 극도로 작거나 극도로 큰 영역의 얘기다. 모두 인간이 경험하고 알아챌 수 있는 차원과는 너무나 동떨어져 있다.

시간 팽창은 원소의 입자들에 엄청난 속도를 가할 수 있는 입자 가속기°에서 항상 일어나고 있다. 그러나 그러한 입자들은 대부분 불안한 상태이기 때문에 쉽게 분열되고, 따라서 수명이 아주 짧다.

우주로부터 지구로 떨어지는 우주선이 공기 분자와 상호 작용하여 만들어지는 뮤온*의 경우, 수명 τ 는 2.2마이크로초*밖에 되지 않는다. 그리고 빛의 속도에 가까운 $0.995c$로 이동하는 뮤온이 그 수명 동안 달릴 수 있는 거리는 대략 660미터로 나타난다($0.995c \times \tau = 660$미터). 그런데 실제로 측정하면 뮤온이 달릴 수 있는 것으로 확인되는 거리는 훨씬 더 길다.

사실 2.2마이크로초라는 시간은 정지해 있는 뮤온, 다시 말해 뮤온에 대해 정지한 기준계에서 측정한 평균 수명을 가리키는 것이며, 그러한 기준계에서 뮤온의 탄생과 죽음은 같은 위치에서 일어난다. 하지만 뮤온은 지구에 대해 움직이고 있으므로 지구에 고정된 기준계에서 관찰한 뮤온의 수명은 훨씬 더 연장된 것으로 보인다. 실제로 뮤온은 자신의 수명 동안 평균적으로 거의 7킬로미터에 달하는 거리를 이동한다. 앞에서 곧이곧대로 계산을 했을 때보다 열 배나 더 긴 거리다. 실험실 관찰자의 입장에서는 뮤온이 열 배 더 오래 산 것처럼 보인다고

● ● ●

입자 가속기 전자나 양성자 같은 입자를 강력한 전기장이나 자기장 속에서 가속해 큰 운동 에너지를 발생시키는 장치로, 원자핵이나 입자를 연구하기 위해 사용된다.
뮤온 여기서 우주선(cosmic ray)이란 우주에서 지구로 끊임없이 쏟아지는 매우 높은 에너지의 입자들을 말하는데, 이 우주선이 지구 대기권으로 들어올 때 대기 상층부의 입자들과 충돌하는 과정에서 뮤온을 비롯한 입자들이 만들어진다.
마이크로초 100만분의 1초.

말할 수도 있다. 앞의 쌍둥이 이야기와 비교하자면, 뮤온은 로켓을 타고 있는 폴과 같은 현상을 보인 것이다.

미시적 차원에서 봤으니, 이제 거시적 차원으로 가서, 초신성●의 폭발에 대해 이야기해 보자. 초신성 폭발은 가까이에서 관찰하면 십여 초 동안 입자가 폭발하는 현상이라고 할 수 있다. 그런데 초신성이 훨씬 더 멀리 있을 경우 폭발이 더 오래 지속되는 것처럼 보인다. 그 초신성이 몹시 빠른 속도로 멀어지고 있기 때문이나. 시구에 남아 있는 피에르가 볼 때 로켓이 멀어지고 있는 것과 같다. 이때 초신성이 멀어지는 것은 우주의 팽창 때문인데, 이는 뒤에 가서 다시 다룰 것이다.

여기서 우리가 주의해야 할 점이 한 가지 있다. 상대성 이론에서 시간은 빨리 가거나 천천히 가는 것이지, 거꾸로 거슬러 올라가는 것은 아니라는 것이다. 이는 물리학적으로 전혀 다른 문제이며, 이 책에서 거기까지 다룰 필요는 없다.

시간과 공간의 개념이 이렇게 바뀌면 '동시'라는 개념도 이

● ● ●

초신성 질량이 매우 큰 별의 경우 진화 마지막 단계에 이르면 폭발하면서 엄청난 에너지를 순간적으로 방출하여 평소의 수억 배에 이르는 밝기에 이르렀다가 서서히 어두워진다. 마치 새로운 별이 생겼다가 사라지는 것처럼 보이기 때문에 이를 초신성이라고 한다.

해하기 힘든 모순에 부딪힌다. 상대성 이론에서 동시성은 절대적인 개념이 아니라 상대적인 것이 되기 때문이다. 두 사건이 정확하게 같은 순간에 일어났을 때 동시라고 한다. 두 사건이 공간상으로도 같은 위치에서 일어났다면 이를 다시 따질 필요가 없다. 하지만 두 사건이 떨어져 있는 두 장소에서 일어났을 경우에는 다르다. 고속 전철의 한 객차 내에서 떨어져 앉아 있던 두 승객이 각각 선반에서 떨어진 가방에 머리를 맞았다고 하자. 두 사람이 같은 순간에 '아야!' 하고 소리를 쳤다면, 두 사람 중간쯤에 앉아 있는 제3의 승객은 이 두 사건이 동시에 일어났다고 생각할 것이다.

그러나 상대성 이론에 따르면, 승강장에 서 있는 역장의 경우, 이 두 사건은 동시에 일어난 게 아니다. 기차가 지나갈 때, 역장 역시 두 사람에 대해 같은 거리에 있었다고 하더라도, 첫 번째 가방이 먼저 떨어지고, 이어서 두 번째 가방이 떨어진 것으로 보인다.

그렇다면 제3의 승객과 역장 중에 누가 옳은 것일까? 두 사건은 동시에 일어났을까, 동시에 일어나지 않았을까? 모두 다 옳다. 특별하게 정해진 기준계가 없기 때문이다. 두 사건은 하나의 기준계 안에서만 동시적인 것이 될 수 있다.

아인슈타인의 상대성 이론이 말하는 결과는 갈릴레이의 상대성에서 생각했을 때 얻는 결과와 다르다. 갈릴레이의 상대성에서 동시성은 기준계와 무관하다. 하지만 그렇다고 해서 두 상대성 사이에 모순이 있다는 뜻은 아니다. 아인슈타인의 상대성에 갈릴레이의 상대성이 포함된다고 하는 것이 더 맞다. 갈릴레이의 상대성은 속도가 느릴 경우에는 대략 들어맞는다. 고속 전철을 타거나 보는 걸 포함해서 일상적인 생활에서는 어떤 상대성을 적용해야 하는가 하는 문제는 무시해도 좋다. 혹시 영향이 있다 하더라도 그런 일은 거의 일어나지 않는다. 앞에서 말한 동시성의 예에서 역장 입장에서 사건의 선후를 따지긴 했지만 두 사건 사이의 차이는 10^{-20}초 정도이다. 측정하기에는 너무나 미미한 차이라 하겠다. 그러나 물체의 속도가 빛의 속도에 맞먹을 경우, 상대성 이론에 따른 실제적인 차이가 확연하게 나타난다. 이 부분에 대해서는 뒤에서 다시 다룰 것이다.

상대성 이론을 방정식으로 풀면?

앞에서 시간과 공간이 변형된다는 설명을 하면서, 방정식에 대해 말하는 것은 되도록 피했다. 하지만 기준계에서 다른 기준계로 옮겨갈 때 어떤 일이 벌어지는지를 더 잘 이해하려면,

그 문제에 대한 몇 가지 공식의 도움을 받을 필요가 있다.

갈릴레이의 상대성은 공간 좌표 x, y, z와 시간 좌표 t를 따로 놓고 다루었다. 아인슈타인의 상대성에서는 더 이상 그렇지 않다. 그렇게 해서 4차원이라는 새로운 좌표가 등장하게 되는데, 시공 좌표 x, y, z, t가 그것이다. 시간과 공간이 공식 안에 섞이는 것은 아주 새로운 일이다. 시간과 공간은 이제 더 이상 독립적으로 변화하지 않으며, 공간이 시간 속에서 변할 수 있고, 시간 역시 공간 속에서 변할 수 있다.

설명을 단순화하기 위해 앞으로 설명에서는 공간 좌표를 x 하나에만 한정시키고, 이 x축을 따라 R_1과 R_2사이의 속도를 바꿔 가며 얘기할 것이다(앞에서 본 그림에서처럼). y와 z 좌표는 변하지 않는 것으로 생각하면 되겠다.

기준계 $R_1(x_1,\ t_1)$과 기준계 $R_2(x_2,\ t_2)$ 사이의 이동은 **로렌츠 변환**이라고 불리는 공식으로 표현할 수 있다. 1904년에 수학자 로렌츠가 발표한 방정식인데, 아인슈타인은 자기 이론의 틀에서 이 방정식을 독립적으로 만들어냈다. 그 내용은 다음과 같다.

$$x_2 = \gamma(x_1 - vt_1)$$
$$t_2 = \gamma\left(t_1 - \frac{v}{c^2}\,x_1\right)$$

여기서 γ은 물체의 속도 v가 빛의 속도 c에 얼마나 가까운지를 나타내는 매개 변수다.

$$\gamma = \frac{1}{\sqrt{1 - \dfrac{v^2}{c^2}}}$$

v가 c에 비해 무시해도 좋을 만큼 작을 경우, γ의 값은 1이 된다. 따라서 그때는 $t_2 = t_1$이 되어 두 기준계에서의 시간이 같아지며, 갈릴레이가 잘 알고 있었던 조건이 만들어진다.

로켓을 탄 폴을 예로 들어서 얘기했던 시간 팽창을, 이제 공식을 통해 알아보자. R_1을 로켓이라고 했을 때, 폴의 여행 지속 시간 $\triangle T_1$은 $t'_1 - t_1$, 즉 로켓의 출발에서부터 도착까지의 시간이 된다. 지구(R_2)에 남아 있는 피에르에게 그 지속 시간 $\triangle T_2$는 $t'_2 - t_2$와 같다. 그런데 이것을 공식으로 풀어 보면 다음처럼 된다.

$$t'_2 - t_2 = \gamma \left(t'_1 - \frac{v}{c^2} x_1 - t_1 + \frac{v}{c^2} x_1 \right) = \gamma \left(t'_1 - t_1 \right)$$

● ● ●

로렌츠(Hendrik Antoon Lorentz, 1853~1928) 네덜란드의 물리학자. 빛의 반사와 굴절로부터 시작하여 물질의 전자론에 관련된 여러 이론을 정립하였다. 고전 전자론을 집성하여 고전 물리학을 완성하고 새로운 물리학 탄생의 기반을 닦아 물리학의 아버지로 불리기도 한다. 1902년에 노벨 물리학상을 수상하였다.

따라서 지속 시간은 공식에 따라 $\triangle T_2 = \gamma \triangle T_1$로 변함을 알 수 있다. 여기서 γ의 값은 로켓의 속도 v에 달려 있는데, $0.99c$로 둔 다음 γ의 정의를 적용시키면, 약 7이라는 값을 얻게 된다. 이 말은 지구에 있는 피에르가 측정한 시간이 로켓을 타고 있는 폴에게 지각되는 시간보다 7배 더 크다는 뜻이다. 이처럼 시간 팽창 효과는 v가 c에 가까울 때 두드러진다. v가 $0.1c$일 경우에도(초속 3만 킬로미터는 사실 엄청난 속력이다!) 상대적인 팽창 효과는 0.5퍼센트에 지나지 않는다. 지속시간 $\triangle T$가 $1.005 \triangle T$밖에 되지 않기 때문이다.

시간 지연과 함께, 우리는 **길이 수축** 또는 거리 수축도 인정 해야 한다. 물체의 길이는 두 공간 좌표 사이의 간격($x' - x$)이라 할 수 있는데, 이 역시 움직임에 영향을 받는다는 얘기다. 그리고 그 길이는 물체가 정지해 있는 지표에서 더 크게 나타나며, 이를 두고 '고유 길이' L_0라고 부른다. 길이 수축에 따라 고속 전철 안에서 1미터 길이로 측정되는 자는 승강장에 있는 관찰자에게는 더 짧게 보이는데, 이때의 관계는 $L_0 = L_0 / \gamma$라는 식으로 써 볼 수 있다. 물체의 속도에 따라 어떤 결과가 나오는지는 시간의 경우와 같은 방식으로 증명해 보면 된다.

쌍둥이 이야기를 다시 예로 들어 보자. 지구에서 움직이지 않고 있는 피에르에게 지구와 베가 사이의 거리는 정지해 있는 값이며, 이는 25.3광년에 해당된다. 반면에 로켓을 타고 있는 폴에게 그 거리는 3.6광년밖에 되지 않는, 더 수축된 것으로 느껴진다. 그 이유는 로켓이라는 폴의 기준계를 놓고 볼 때 지구와 베가가 각각 0.99c의 속도로 멀어지고 또 다가오고 있기 때문이다.

속도가 시간에 대한 공간 좌표의 변화라는 점에서, 상대성 이론에서는 속도 합성이 다음과 같이 계산된다.

$$V_2 = (V_2 + v) / (1 + \frac{V_1 \times v}{c^2})$$

이러한 공식으로 보면, 빛의 속도 c에 아무것도 더하거나 뺄 수 없다는 것이 증명된다. 만약 $v = c$이거나, 혹은 $V_1 = c$라고 해도 결과는 항상 $V_2 = c$로 나온다. c는 최후의 속도이며, 앞지를 수가 없다는 말이다. 이는 마이컬슨과 몰리의 실험에서 왜 빛의 속도가 항상 동일하게 나왔는지를 매우 설득력 있게 설명해 준다. 물론 물체의 속도가 빛의 속도에 비해 미미할 경우 위 공식은 갈릴레이의 속도 합성 공식 ($V_2 = V_1 + v$)으로 단순화된다.

*E=mc²*이란 무슨 뜻일까?

공간과 시간이 지연되거나 수축되면서 변형된다는 것을 앞에서 상대성 이론의 공식을 통해 분명하게 증명해 보았다. 또한 가지 상대성 이론에 따라 큰 변화가 일어난 개념이 바로 물체의 질량이다.

질량 m_0는 물리 공식에서 매개 변수로 개입한다. 예를 들어, 물체에 작용하는 중력을 뜻하는 무게의 경우, $P = m_0 g$라는 공식에 따라 측정된다(g는 중력 가속도). 한편, v의 속도로 움직이는 물체에 작용하는 힘은 **운동 에너지**이며, 이를 나타내는 공식은 $\frac{1}{2} m_0 v^2$이다. 속도에 따라 증가하는 이 운동에너지는 움직임에 좌우되는 것이므로 어떤 지표에서 측정하느냐에 따라 값이 변한다.

상대성 이론에 따르면 에너지와 질량은 같은 것이다. 하나의 실재를 두 가지 입장에서 두 가지 개념으로 나타내는 것이며, 따라서 질량은 에너지의 특수한 한 형태일 뿐이라는 것이다. 그렇게 해서 질량과 에너지는 $E = mc^2$이라는 유명한 공식에서 서로 묶인다. 그런데 이 식에서 보면 질량이 변하지 않는 값이 아니라 속도에 따라 증가하는 것임을 알 수 있다. 에너지가 증가하는 것은 질량이 증가한다는 뜻이니까 말이다. 그렇게 해서 **상대론적 질량**이라는 개념이 도입되는데, 물체의 정지 질량을 m_0라고 할 때 상대론적 질량 m은 $m = \gamma m_0$라고 기술된다. 여기서 γ은 앞에서 나왔던 그 값이다.

상대론적 질량은 γ에 비례해서 속도와 함께 증가한다. 속도가 커질 경우 물체가 가지게 되는 높은 에너지가 질량 자체에 반영되는 것이다. 그러한 공식에서 출발해서, v가 c와 같다면 $\gamma = 1/\sqrt{1 - v^2/c^2}$ 의 값은 무한대가 되며, 따라서 상대론적 질량 역시 무한대가 된다. 물론 어떤 물체를 빛의 속도까지 가속화하려면 무한대의 에너지가 필요할 것이므로, 이를 현실화하기란 불가능하다. 따라서 빛의 속도 c는 최후의 속도이며, 질량을 가진 물체의 경우 그 속도 가까이까지 갈 수는 있어도 그 속도에 도달할 수는 없다. 달리 말하자면, 질량이 완전히 제로인 물체만이 모든 기준계 내에서 빛의 속도로 다닐 수 있다는 얘기다. 질량이 0인 것으로 알려져 있는 자유 입자[*]는 빛 알갱이, 즉 광자뿐이다. 이러한 사실로 또 한 번 빛의 속도가 c라는 하나의 기호로 불릴 자격이 충분히 있다는 것을 알 수 있다.

$E = mc^2$이라는 공식은 항상 유효하며, 특히 물체가 정지 상태

● ● ●

자유 입자 아무런 힘도 받지 않고 운동하는 입자.

에 있을 때, 즉 $v=0$인 경우에 쉽게 확인할 수 있다. 이 경우 $\gamma=1$, $m=m_0$이고, 따라서 $E=m_0 c^2$이 된다. 움직이지 않는 입자도 이미 에너지를 가지고 있다는 말인데, 이를 두고 그 입자의 **정지 질량 에너지**라고 부른다. 질량이 큰 물체가 가질 수 있는 정지 질량 에너지는 운동 에너지에 비해 상당히 큰 값을 가진다.

따라서 상대성 이론이 질량과 에너지가 따로 존재한다는 개념을 제거하고 있음을 알 수 있다. 그렇다면 질량을 에너지로 변환할 수 있고, 또 반대의 경우도 가능하다는 말일까? 물론이다. 박하사탕 한 알 무게인 5그램의 질량을 모두 에너지로 변환할 수 있다면, 50와트짜리 전구를 30만 년 동안 켤 수 있다. 한 나라에서 하루에 필요로 하는 에너지를 충당하려면 박하사탕 서른 알이면 충분할 것이다.

박하사탕의 예에 비해서는 효율성이 훨씬 떨어지긴 하지만 질량에서부터 에너지를 만들어 내는 방법은 실제로도 알려져 있다. 원자로˙ 기술의 근거가 되고 있는 **핵분열** 과정 말이다. 우라늄 원자핵 한 개가 더 가벼운 원자핵 두 개로 변환될 때 질

● ● ●

원자로 원자핵 분열의 연쇄 반응을 인위적으로 제어하여 원자력을 필요에 따라 서서히 방출하도록 조절하는 장치.

량의 일부분이 사라지고 그만큼의 에너지가 생성되는데, 수많은 원자핵의 연쇄 반응에 의해 생산된 이 에너지는 전기 에너지로 바꾸어진다. 핵분열에서 에너지로 변환되는 부분은 우라늄 전체 질량 중 극히 적은 일부분에 지나지 않는다. 그렇다고 해도 우라늄 1킬로그램에서 얻을 수 있는 에너지는 석탄 1킬로그램을 태웠을 때 얻을 수 있는 에너지의 300만 배에 달한다.

태양에서도 $E=mc^2$이라는 공식이 통하는 현상이 하나 일어나고 있다. 바로 **핵융합**°이다. 네 개의 양성자가 결합해서 한 개의 헬륨 원자핵을 만드는 것인데, 여기서도 역시 질량의 일부분이 사라지면서 에너지가 만들어진다. 태양이 내뿜는 모든 에너지는 그렇게 만들어지며, 태양은 그와 같은 핵융합 반응으로 인해 매초 400만 톤씩 가벼워지고 있다. 하지만 태양의 질량이 줄어들고 있다는 말에 걱정할 건 없다. 태양의 연료는 아직 50억 년 동안은 끄떡없이 돌아갈 만큼 남아 있으니까 말이다.

질량이 에너지로 변환되는 현상은 또한 입자와 그 반입자°가 만나서 소멸할 때도 일어난다. 예를 들어, 전자와 양전자가

● ● ●

핵융합 이 시리즈의 『태양은 왜 빛날까?』를 참조하라.
반입자 한 입자에 대해 질량을 비롯한 물리적 성질은 동일하면서도 전하의 부호는 반대가 되는 입자.

만났을 경우 두 입자가 소멸하면서 그 질량에 해당하는 만큼의 에너지를 가진 광자가 만들어진다. 이는 공상 과학 소설에 나오는 얘기가 아니다. 우리 뇌에서 다양한 자극에 의해 활성화되는 영역이 빛나는 것을 볼 수 있게 해 주는 뇌 영상*은 바로 이 현상을 기초로 하고 있다. 우리 뇌 깊이 숨어만 있던 꿈과 생각이 $E=mc^2$ 공식 덕분에 바깥으로 나올 수 있게 된 것이다.

질량과 에너지의 상호 관계를 볼 때, 반대 현상, 즉 에너지가 질량으로 변환되는 현상도 생각해 볼 수 있을까? 앞에서도 말했지만 물론 가능하며, 이를 두고 '광자의 물질화'라고 부른다. 순수한 에너지는 질량을 가진 한 쌍의 입자로 변환되는데, 예를 들어 전자와 양전자를 만들어 낸다. 이 현상은 입자 가속기를 통해 실험적으로 잘 입증되며, 빅뱅*의 순간에 특히 활발

● ● ●

뇌 영상 양전자 방출 단층 촬영(PET)을 말한다. 양전자를 방출하는 무해한 방사성 의약품을 체내에 투여하면 양전자가 뇌의 전자와 충돌하면서 많은 양의 에너지를 발산한다. 이때 에너지는 두 개의 감마선 형태로 나타나는데, 감마선을 기록하는 한편 방사능 물질의 경로를 추적함으로써 뇌의 영상이 만들어진다.

빅뱅 대폭발이란 뜻. 우주가 태초의 대폭발로 시작되었다는 빅뱅 이론에서 나온 말이다. 빅뱅 당시의 우주는 고온, 고밀도 상태였고, 그만큼 에너지도 높은 상태였다. 따라서 여기에서 설명하는 대로 에너지가 수많은 입자와 반입자로 변환되었을 거라는 생각을 해 볼 수 있다. 더 자세한 이야기는 이 시리즈의 『빅뱅이 정말로 있었을까?』를 참조하라.

하게 이루어지기도 했다.

"생성되는 것도 없고, 소멸되는 것도 없다. 모든 것은 그 형태를 바꿀 뿐이다."

프랑스의 화학자 라부아지에[*]가 말한 것으로 알려져 있는 격언이다. 아인슈타인 덕에 이 격언이 새삼 달라 보인다. 변형이란 이제 질량과 에너지 사이의 변환에까지 확장될 수 있으니까 말이다.

상대성 이론을 일반화할 수 있을까?

앞에서 본 모든 내용들은 한 기준계가 다른 기준계에 대해 등속도로 운동하는 경우에만, 그리고 그 속도가 빛의 속도에 비해 극히 작거나(갈릴레이의 상대성), 반대로 빛의 속도에 가까운 경우에만 적용된다. 그러한 아인슈타인의 상대성 이론을 두고 **특수 상대성 이론**이라고 부른다. 물론 물체의 속도가 빛의

• • •

라부아지에(Antoine Laurent Lavoisier, 1743~1794) 프랑스의 화학자. 원소의 개념을 확립하고 실증해 내 화학 혁명을 일으킨 선구적인 과학자. 징세 청부인이라는 죄목으로 프랑스 혁명 때 처형당했다.

생성되는 것도 없고 소멸되는 것도 없다.
모든 것은 그 형태를 바꿀 뿐이다.

속도에 대해 미미할 경우 아인슈타인의 공식들은 고전 역학과 같은 결과가 되며, 이는 당연한 일이다. 태양계의 역학까지 포함해서, 일상생활에서 접하는 현상들을 완벽하게 설명하고 있는 것이 고전 역학이기 때문이다. 따라서 상대성 이론은 고전 역학을 포함한다고 할 수 있다. 예를 들어, 전체 에너지가 mc^2이고 정지해 있을 때의 에너지는 $m_0 c^2$인 물체가 있다고 할 때, 전체 에너지와 정지 질량 에너지 사이의 차이는 운동 에너지로 나타난다. 이때 물체의 속도가 빛의 속도에 비해 미미할 경우, 전체 에너지와 정지 질량 에너지 사이의 차이는 고전 역학의 운동 에너지 $\frac{1}{2} m_0 v^2$이 된다.

이제 새로운 단계로 넘어가 보자. 앞에서 고속 전철의 예를 들 때는 계속 직선으로 달리는 경우만 생각했다. 하지만 실제 기차가 직선으로만 달리지는 않는다. 굽은 선로를 달리는 경우도 있는데, 그때 기차 안에 있는 나는 나를 바깥으로 밀어내려는 원심력을 느낀다. 따라서 기차는 더 이상 관성계가 아니며, 기차 역시 힘을 받고 있다는 것을 느낄 수 있다. 힘을 받았다는 것은 운동의 변화가 있다는 뜻인데, 이를 두고 **가속도**가 생겼다고 말한다.

힘과 가속도의 관계를 밝힌 것은 뉴턴이다. 질량이 m_0인 어떤 물체가 힘 F를 받아서 가속도 a가 생길 경우, $F = m_0 a$라는 공식을 따른다는 것이 그 설명이다.

가속도가 없다면 세계는 지나치게 밋밋할 것이다. 아인슈타인은 특수 상대성 이론을 가속도라는 새로운 환경에서도 들어맞도록 확장하고자 했다. 그렇게 해서 완성된 이론이 1916년 발표한 **일반 상대성 이론**이다.

아인슈타인의 연구는 이번에도 '사고 실험'을 통해 시작되었다. 밖을 볼 수 없게 닫혀 있는 두 선실에 관찰자가 각각 들어가 있다고 하자. 선실 하나는 지구에 정지 상태로 놓아둠으로써 $P = m_0 g$에 따른 중력의 힘을 받게 했고, 다른 선실은 중력이 없는 우주 공간으로 쏘아 올려 가속도, 즉 뉴턴의 $F = m_0 a$에 따른 힘을 받게 했다. 이때 a와 g의 값이 같다면 어떤 일이 일어날까? 두 선실 안에서 관찰자가 각각 공을 떨어뜨릴 경우, 두 공이 같은 궤도를 그리게 될 것이다. 따라서 각각의 관찰자는 자신이 어떤 상황에 있는지 말할 수 없게 되는데, 이처럼 중력과 가속도의 효과를 구분할 수 없는 것을 **등가 원리**라고 한다.

빛의 경우는 어떻게 될까? 가속도를 받고 있는 선실 안에서 빛은 이동하면서 휘게 된다. 실제로는 바닥 면에 평행하게 빛을 쏘았다 하더라도, 선실이 움직이기 때문에 벽에 부딪힐 때는 휘어 있다. 아인슈타인은 지구에 정지해 있는, 그래서 중력장의 힘만을 받고 있는 선실 안에서도 같은 일이 일어나야 한다고 말한다.

이는 혁신적인 결론이라고 할 수 있다. 빛이 중력의 작용을 받는다고 하니까 말이다. 빛의 파동과 질량 사이에 상호 작용이 있다는 얘긴데, 이것이 일반 상대성 이론이 거둔 가장 큰 성과이다.

그런데 빛이 중력의 작용을 받는다는 것을 어떻게 증명할 수 있을까? 물론 빛의 진로에 두드러지게 영향을 미치려면 상당한 질량을 가진 물체가 필요하다. 우리 주위에서 볼 수 있는 것 중에서 질량이 가장 큰 것은 태양이고, 그래서 아인슈타인은 태양을 상대로 한 실험을 가정했다. 어떤 별에서 나온 빛이 태양 근처를 지나갈 때, 그 빛은 인력 때문에 태양 쪽으로 끌려갈 거라는 예측이었다. 이러한 주장은 개기 일식이 일어났던 1919년 5월에 영국의 천문학자 에딩턴*에 의해 확인된다. 태양이 가려지는 일식은 다른 때에는 태양빛에 가려져 보이지 않던 별들을 볼 수 있게 해 주는 중요한 현상이었다. 에딩턴은 일식 때 태양이 위치하게 될 황소자리에 망원경의 초점을 맞추어 놓고, 일식이 진행되는 동안 태양 주위에 있는 별들의 위치를 정확하게 측정했다. 그 별들이 일식이 아닌 밤하늘에 나타났을 때 측정해서 만든 지도와 일식 때 측정한 결과를 비교해 보았더니 서로 차이가 있음이 확인되었다. 별들이 바깥쪽으로 이동한 것처럼 보였던 것이다. 별들에서 나온 빛이 태양 주위를 지날 때 태양으로 끌어당겨졌고, 따라서 일식 동안에는 그 위치가 더 바깥쪽으로 나타난 것이었다.

태양의 중력장으로 빛이 끌어당겨진다는 사실에 더해서, 그 빛이 얼마나 휘는지에 대한 수적인 예측까지도 정확하게 검증

● ● ●

에딩턴(Arthur Stanley Eddington, 1882~1944) 영국의 천문학자이자 물리학자. 천체 물리학과 우주론, 상대성 이론의 발전에 이바지했다.

되었다. 그와 같은 실험적 확인으로 인해 일반 상대성 이론은 큰 반향을 일으킨다. 일반 상대성 이론의 클라이맥스를 지켜보았던 영국의 수학자이자 철학자인 화이트헤드[*]는 왕립 천문학회에서 에딩턴이 자신의 관측 결과를 발표한 역사적인 강연에 대한 보고서에 "물리학의 법칙은 신의 명령이다."라고 쓰면서 감탄해 마지않았다. 이러한 혁혁한 성공으로 아인슈타인은 대중 매체에서 단번에 영웅으로 떠올랐고, 20세기를 상징하는 학자로서 그 이름을 길이 남겼다.

특수 상대성 이론은 한편으로는 시간과 공간을, 다른 한편으로는 질량과 에너지를 통합하는 것이었다. 이제 일반 상대성 이론에서 아인슈타인은 시간-공간과 질량-에너지 사이의 새로운 결합을 시도한다. 이 두 개념은 따로 분리해서 생각할 수 없다는 것이다. 기자들이 거기에 대해 질문을 하자 아인슈타인은 이렇게 설명했다.

"이전에 사람들은 우주에서 모든 자연물들이 사라진다고 하더라도 시간과 공간은 남을 것이라고 믿었습니다. 하지만 상대

● ● ●

화이트헤드(Alfred North Whitehead, 1861~1947) 영국의 철학자이자 수학자. 수학적 논리학과 물리학의 철학적 기초를 확립했으며, 말년에는 미국에서 활동했다.

성 이론에서 볼 때, 시간과 공간은 물질과 동시에 사라지게 됩니다."

일반 상대성 이론의 기본 가설은, 시간-공간 속에 존재하는 모든 질량-에너지는 시공 기하학(4차원 기하학)에 영향을 미치며, 그 기하학은 시공간이 물질이 없는 평온한 상태에서부터 물질에 의해 '휘어진' 상태까지 변형된다는 사실에 근거를 두고 있다. 그렇게 해서 시간, 공간, 질량, 에너지 네 범주가 통합된다. 시공은 더 이상 딱딱하게 굳어 있는 구조가 아니라 유연성을 가지며, 그 속에 존재하는 질량-에너지에 따라 영향을 받는 것이 된다.

공간의 변형부터 살펴보자. 모든 물질은 주변에 일종의 함몰을 일으키면서 공간의 속성을 바꾸는 변형을 일으킨다. 이와 같은 개념을 직감적으로 이해하기 위해, 가로로 평평한 얇은 고무판을 떠올려 보자. 그 고무판에 질량을 가진 물체를 올려두면 고무판은 오목하게 휘어지게 되는데, 그것이 상대성이 말하는 공간의 휘어짐이다. 그러한 4차원적인 기하 구조에서도 빛이 두 지점 사이의 가장 짧은 길을 따라서 가는 것은 변함이 없지만, 질량이 큰 물체 근처를 지날 때 빛이 가는 길은 더 이상 직선이라고 할 수 없다. 휘어진 공간을 가야 하기 때문이다.

시간의 흐름 또한 그 속에 존재하는 질량에 영향을 받는다.

쌍둥이 형제 피에르와 폴의 이야기를 다시 꺼내 보면, 시간이 두 사람에게 서로 다르게 나타난다는 것을 설명하기 위해 굳이 한 명에게 우주 여행을 하게 할 필요는 없다. 일반 상대성 이론에 따르면 시간은 질량-에너지의 배치에 가까울수록 더 느리게 흘러가기 때문에, 폴은 높은 산으로 보내고 피에르는 벌판에 남아 있게 하는 것으로도 비교할 수 있다. 이 경우 산에서 사는 폴은 지구 중심에서 더 멀리 떨어져 있기 때문에 더 빨리 늙게 된다.

일반 상대성 이론이 말하는 또 다른 예측은, 질량-에너지가 매우 큰 물질로 인해 시공이 변화될 때 동요가 생기면서, 그러한 시공의 변형을 보여 주는 파동이 방출된다는 것이다. 서로의 주위를 돌고 있는 두 별이 격심한 상호 작용을 할 때 발생하는 중력파° 현상이 그 예이다. 중력파의 존재는 간접적으로는 이미 확인이 되었다. 이제 직접 탐지하는 일이 남아 있는데, 이

● ● ●

중력파 상대성 이론의 설명대로라면 서로 가까이에 있는 쌍성은 중력파를 방출하면서 에너지를 점차 잃게 되고, 따라서 줄어든 공전 에너지 때문에 공전 주기가 점차 줄어들어 서로 접근하게 된다. 1974년 J. 테일러와 R. 헐스가 쌍성 펄서 PSR1913＋16을 관찰한 결과 쌍성 펄서의 공전 주기가 매년 100만 분의 75초 정도 짧아지는 것을 확인했고, 이를 통해 중력파의 존재가 간접적으로 확인되었다.

를 위해서는 시공의 기하 구조를 계속해서 관측해야 한다. 곧 지구에서 중력파를 관측할 수 있을 것으로 보인다. 이를 위해서 마이컬슨과 몰리가 사용했던 간섭계와 종류가 같고 대신 팔 길이는 수 킬로미터에 달하는, 대단히 정밀한 간섭계를 사용한다. 유럽에서는 비르고*라는 이름의 장치를 이용한 계획이 이탈리아 피사 근처에서 진행 중이다. 중력파가 간섭계를 통과할 경우 간섭계 팔 각각의 길이에 매우 미세한 증감이 나타날 것이고, 그렇게 해서 일반 상대싱 이론에서 말하는 공간의 뒤틀림을 확인할 수 있기를 기대하고 있다.

● ● ●

비르고(Virgo) 처녀자리란 뜻.

3

상대성 이론의
한계는 무엇일까?

상대성 이론의 한계는 무엇일까?

일상생활에서는 고전 역학에 따른 결과와 상대성 이론에 따른 결과 사이의 차이를 확인할 수 있는 상황이 거의 없다. 그런데 알고 보면, 지구 주위를 돌고 있는 인공 위성에 장치된 위성 위치 확인 시스템(Global Positioning System)에서 우리는 사실 매일 상대성 이론을 대하고 있다. GPS가 제대로 작동하려면 안정도가 무척 높은 시계가 필요한데, 위성이 위치한 높이에서는 지상과 시간이 다르게 흐른다는 사실을 고려해서, GPS의 시계를 아주 미세한 차이로 더 느리게 가도록 해 두고 있기 때문이다.

그렇게 가깝게 접할 수 있는 예도 있기는 하지만, 일반 상대성 이론이 가장 잘 들어맞는 영역은 역시 우주라고 할 수 있다.

우주에 대한 우리의 이해를 완전히 바꾸어 놓기까지 했을 정도니까 말이다. 상대성 이론에 따르면, 시간이 흐르면 공간적인 분리는 점점 더 커지며, 결과적으로 공간이 계속 팽창하게 된다. 그렇게 해서 상대성 이론으로 우주를 전체적으로 설명할 수 있는 이론, 우주론의 틀이 확립되었다. 하지만 정작 아인슈타인 자신은 처음에는 우주가 팽창하고 있다는 생각을 받아들이지 않았다.

일반 상대성 이론의 방정식을 풀면 시간적으로 진화하는 우주가 당연히 답으로 나오게 된다는 것을 증명한 것은 러시아의 프리드만과 벨기에의 르메트르의 공로이다. 그들의 예측은 발표 당시에는 큰 주목을 받지 못했지만 지금은 이미 검증되었다. 요즘은 우주의 전체 부피가 일반 상대성 이론에 따라 커지고 있다는 것을 인정하고 있다. 빅뱅 이론이 그것을 체계화한 것이다. 빅뱅 이론은 간단히 말하자면, 우주 태초의 질량은 초

● ● ●

프리드만(Alexandr Alexandrovich Friedmann, 1888~1925) 러시아의 지구 물리학자이며 기상학자. 새로운 팽창 우주론을 수학적으로 전개했으나, 1925년에 기구 여행 후 급성 폐렴으로 사망하는 바람에 새로운 이론이 꽃피지 못했다.
르메트르(Abbe Georges Edouard Lemaitre, 1894~1966) 벨기에의 가톨릭 신부로 천체 물리학자. 프리드만과 독립적으로, 좀 더 물리적이고 실제적인 의미의 팽창 우주론을 제안했으나 천문학계에서 큰 관심을 받지 못했다.

고온, 초고밀도의 기체로 가득 찬 무한히 작은 어떤 한 점 안에 집중되어 있었고, 그 후 공간이 팽창되면서 온도가 내려간 물질이 별과 은하를 이루게 되었다는 설명이다. 지금도 공간은 팽창 중이다. 이 이론은 관측을 통해 얻은 수많은 자료들로 확인되고 있으며, 현재 우주론과 관련된 자료들은 이러한 틀에서만 설명할 수 있다.

일반 상대성 이론에서 내놓은 또 다른 예측으로 블랙홀을 들 수 있다. 질량이 고밀도로 축적될 경우, 예를 들어 수명 말기에 이른 별이 폭발하여 많은 질량이 공중으로 흩어질 때 중심 부분에는 밀도가 엄청나게 큰 천체가 만들어지는데, 이 천체의 질량이 어느 정도만 커도 중력이 너무 커져서 빛조차 거기서 빠져 나올 수 없게 된다. 따라서 그러한 별의 잔재는 더 이상 빛을 내지 않게 되고, 오로지 주위의 물질에 작용하는 중력 작용으로만 그 존재를 확인할 수 있다. 이 존재가 바로 블랙홀이다. 일반 상대성 이론은 블랙홀의 크기까지 제시하고 있다. 호두알 하나만 한 공간에 지구 질량 모두가 들어 있다는 것이다. 그렇게 해서 만들어진 공 모양의 물체는 주위 시공을 잡아당김으로써 시공의 구조를 부분적으로 변형시키게 된다.

이러한 이야기는 처음에는 가설에 불과했지만, 오늘날에는 실제 현상으로 밝혀지고 있다. 현재는 우주에 그러한 물체가

얼마나 되는지 조사 중인데, 우리 은하의 중심에도 태양 질량
의 수백만 배에 달하는 블랙홀이 있는 것으로 알려져 있다. 어
마어마한 질량을 지닌 블랙홀은 뭐든지 다 먹어치우는 우주의
괴물과도 같다. 블랙홀 근처로 지나가던 별은 부서질 만큼 강
한 인력을 받게 된다. 거기서부터 떨어져 나온 물질은 블랙홀에
삼켜지기 전 그 별이 남긴 조난 신호인 셈이며, 망원경에 잡히는
엑스선은 그 마지막 비명이라 할 수 있다.

일반 상대성 이론은 인간의 지성이 만들어 낸 굉장한 작품
이다. 빛이 휘어지는 것이나 시간이 늘어나는 것처럼 고도로
정밀한 실험을 통해서 겨우 확인할 수 있는 놀라운 현상을, 자
기 이론의 다양한 내용이 서로 맞물리도록 조리 있게 설명해
내었을 때 아인슈타인은 얼마나 기뻤을까!

아인슈타인의 4차원적인 시공 개념은 흥미롭게도 그와 같은
시대를 살았던 작가 마르셀 프루스트°에게서도 볼 수 있는데,
프루스트는 어린 시절 성당에 대한 기억을 이렇게 쓰고 있다.

● ● ●

마르셀 프루스트(Marcel Proust, 1871~1922) 프랑스의 소설가. 20세기 최고의
작품 중 하나인 『잃어버린 시간을 찾아서』의 작가. 1919년에 이 작품으로 공쿠르
상을 수상했다.

그러한 모든 것으로 인해 나에게 성당은 거리의 다른 장소와 전혀 다른 어떤 것이 되었다. 성당은 말하자면 4차원적인 공간(그 네 번째 차원은 시간이다.)을 차지한 건물이었다. 들보와 들보 사이로, 제단에서 제단으로, 그렇게 몇 세기에 걸쳐 확장된 건물의 성소는, 단지 몇 미터의 공간이 아니라 수많은 시대를 정복하여 뛰어넘고 있었다. 그 옛날 성소가 자랑스럽게 등장했던 그때의 시간들 말이다.

4차원에 대한 생각들은 우리가 살고 있는 이 우주를 이해하려는 인간의 정신이 만들어 낸 고귀한 산물이다. 우주를 완벽하게 이해하려는 인류의 바람은 지금도 계속되고 있다. 20세기 초에 한편에서는 상대성 이론이, 또 다른 한편에서는 양자 이론이 4차원에 대한 이론에서 결정적인 진보를 일궈 냈지만, 21세기도 그만큼 해낼 수 있을지 두고 보는 것처럼 도전장을 던지듯 숙제 또한 남겨 놓았다.

두 위대한 사고 혁명이 서로 모순 없이 양립할 수 있을까?

상대성 이론은 천체 물리학에서 다루는 큰 규모의 물체들과 관련된 중력의 상호 작용을 연구하는 분야이고, 반면 양자 역학은 원자 이하의 입자들 사이에서 벌어지는 상호 작용을 연구 대상으로 하는 분야이다. 그런데 이 두 이론이 서로 정확하게 조화를 이루지 못하는 것이 현재 문제이다.

아인슈타인도 최후의 연구를 하는 동안 그 두 가지 지식을 한 가지 개념으로 조화시키고자 했다. 다른 상호 작용과 중력을 통합하여 하나의 이론으로 만들기 위한 연구였는데, 이를 통일장 이론이라고 한다. 하지만 아인슈타인은 끝내 그 이론에 이르지 못했다.

그렇지만 이후에 다른 학자들이 최종 이론이 될지도 모를 새로운 이론, 즉 **끈 이론**을 정립했다. 이는 우주를 구성하는 최소 단위가 점같이 생긴 입자가 아니라 끊임없이 진동하는, 매우 가느다란 끈이라고 보는 이론이다. 일반 상대성 이론의 생각을 일반화한 개념으로, 이 이론에 따르면 굳어 있는 구조는 존재하지 않으며, 모든 것은 변형될 수 있다. 이 새로운 이론은 또한 시공을 11차원으로까지 예측하고 있다. 아인슈타인보다 훨씬 더 나간 셈이다. 하지만 추가된 차원들은 몹시 작은 단계에서만 개입하기 때문에, 우리 일상생활에 혼란을 주지는 않는다.

따라서 물리학자란 직업을 가진 사람들이 할 일은 아직도 많이 남아 있다고 할 수 있다. 덕분에 19세기 물리학자들이 꿈꾸었던 일이 21세기에는 이루어질지도 모른다. 우리를 둘러싸고 있는 이 세계를 완벽하고도 합리적으로 설명해 내는 것. 인간은 매일 매일 그 꿈에 더 가까이 다가가고 있다.

더 읽어 볼 책들

- 정완상, 『아인슈타인이 들려주는 상대성 원리 이야기』 (자음과모음, 2005).

- 정재승 기획, 김제완 외, 『상대성 이론 그후 100년』 (궁리, 2005).

- 브라이언 그린, 박병철 옮김, 『엘러건트 유니버스』 (승산, 2002).

- 사토 가츠히코, 김선규 공저, 봉영아 옮김, 『상대성 이론의 아름다움』 (비타민북, 2005).

- 사토 가쓰히코, 안소현 옮김, 『그림으로 쉽게 이해하는 상대성 이론』 (회경사, 2004).

- 스티븐 호킹, 김동광 옮김, 『그림으로 보는 시간의 역사』 (까치글방, 1998).

논술·구술 시험은 논리적이고 종합적인 사고를 요구한다. 다음에 제시된 문제는 이 책의 주제와 연관이 있는 논술·구술 기출 문제이다. 이 책을 통하여 습득한 과학적 지식과 원리, 입체적이고 논리적인 접근 방식을 활용하여 스스로 문제에 답해 보자.

▶ 절대적인 진리가 과연 있는가, 있다면 무엇을 절대 진리라고 할 수 있는지 예를 들어 의견을 말해 보시오.

▶ 두 사람이 시속 100킬로미터로 달리는 열차 안에서 공을 주고받을 때 공은 어떻게 되겠는가? 또 창문을 열었을 때 공은 어떻게 되겠는가?

▶ 두 물체 A, B가 있다. B는 A 질량의 2분의 1이다. 10미터 높이에서 A는 자유 투하, B는 수평 방향으로 초당 2미터의 속도로 발사한다고 하자. 어떤 것이 먼저 땅에 떨어지는가?

▶ 서울의 원자시계와 뉴욕의 원자시계를 어떻게 동시화시킬 수 있는가?

옮긴이 | 김성희

부산대 불어교육과 및 동대학원을 졸업했으며 현재 전문 번역가로 활동 중이다.

민음 바칼로레아 09

상대성 이론이란 무엇인가?

2판 1쇄 펴냄 2021년 3월 30일
2판 5쇄 펴냄 2024년 8월 8일

1판 1쇄 펴냄 2006년 1월 5일
1판 6쇄 펴냄 2014년 7월 24일

지은이 | 프랑수아 바누치
감수자 | 곽영직
옮긴이 | 김성희
발행인 | 박근섭
펴낸곳 | ㈜민음인

출판등록 | 2009. 10. 8 (제2009-000273호)
주소 | 06027 서울 강남구 도산대로 1길 62 강남출판문화센터 5층
전화 | 영업부 515-2000 편집부 3446-8774 **팩시밀리** 515-2007
홈페이지 | minumin.minumsa.com

도서 파본 등의 이유로 반송이 필요할 경우에는 구매처에서 교환하시고
출판사 교환이 필요할 경우에는 아래 주소로 반송 사유를 적어 도서와 함께 보내주세요.
06027 서울 강남구 도산대로 1길 62 강남출판문화센터 6층 민음인 마케팅부